Impressum
Verlag: BABADADA GmbH, Nedderfeld 112 , 22529 Hamburg
Geschäftsführer / Verlagsleitung: Harald Hof
Druck: Books on Demand GmbH, In de Tarpen 42, 22848 Norderstedt

Imprint
Publisher: BABADADA GmbH, Nedderfeld 112 , 22529 Hamburg, Germany
Managing Director / Publishing direction: Harald Hof
Print: Books on Demand GmbH, In de Tarpen 42, 22848 Norderstedt, Germany

kool
escuela

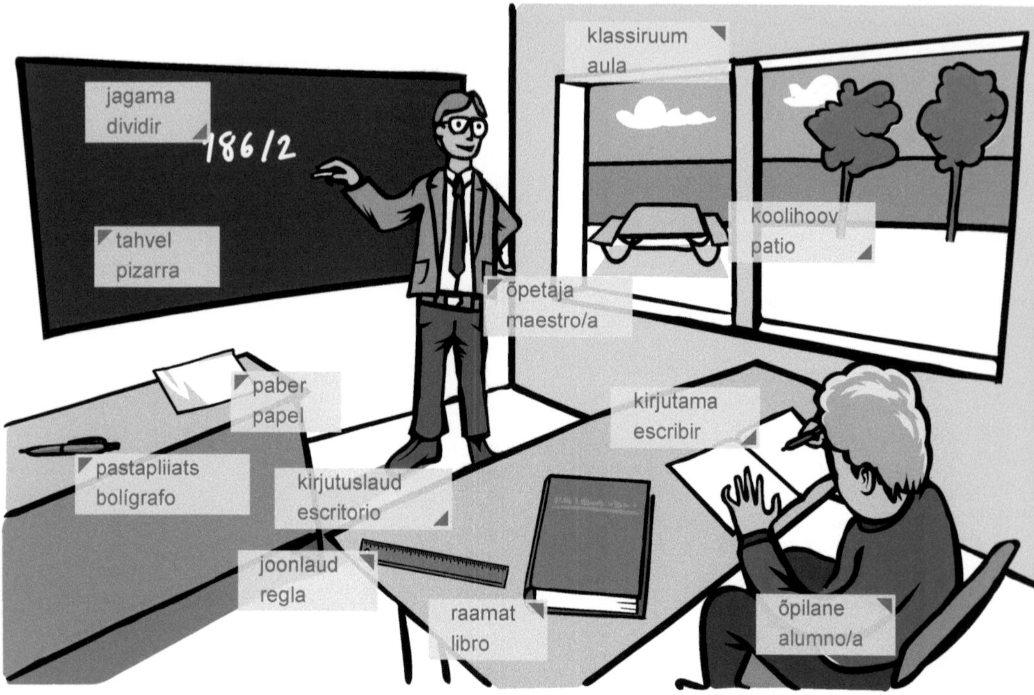

klassiruum
aula
jagama
dividir
186/2
tahvel
pizarra
koolihoov
patio
õpetaja
maestro/a
paber
papel
kirjutama
escribir
pastapliiats
bolígrafo
kirjutuslaud
escritorio
joonlaud
regla
raamat
libro
õpilane
alumno/a

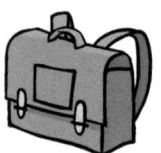

koolikott

cartera

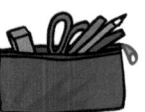

pinal

caja de lápices

harilik pliiats

lápiz

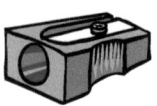

pliiatsiteritaja

sacapuntas

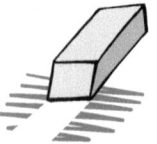

kustukumm

goma de borrar

joonistusplokk

cuaderno de dibujo

joonistus
dibujo

pintsel
pincel

värvikarp
caja de pinturas

käärid
tijeras

liim
pegamento

töövihik
cuaderno de ejercicios

kodutöö
deberes

12

number
número

2+2

liitma
sumar

5-2

lahutama
restar

2×2

korrutama
multiplicar

arvutama
calcular

A

täht
letra

ABCDEFG
HIJKLMN
OPQRSTU
VWXYZ

tähestik
alfabeto

sõna
palabra

tekst

texto

lugema

leer

kriit

tiza

koolitund

lección

klassipäevik

cuaderno de notas

eksam

examen

tunnistus

certificado

koolivorm

uniforme escolar

haridus

educación

entsüklopeedia

enciclopedia

ülikool

universidad

mikroskoop

microscopio

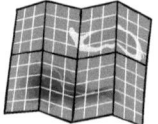

kaart

mapa

paberikorv

papelera

reisimine

viaje

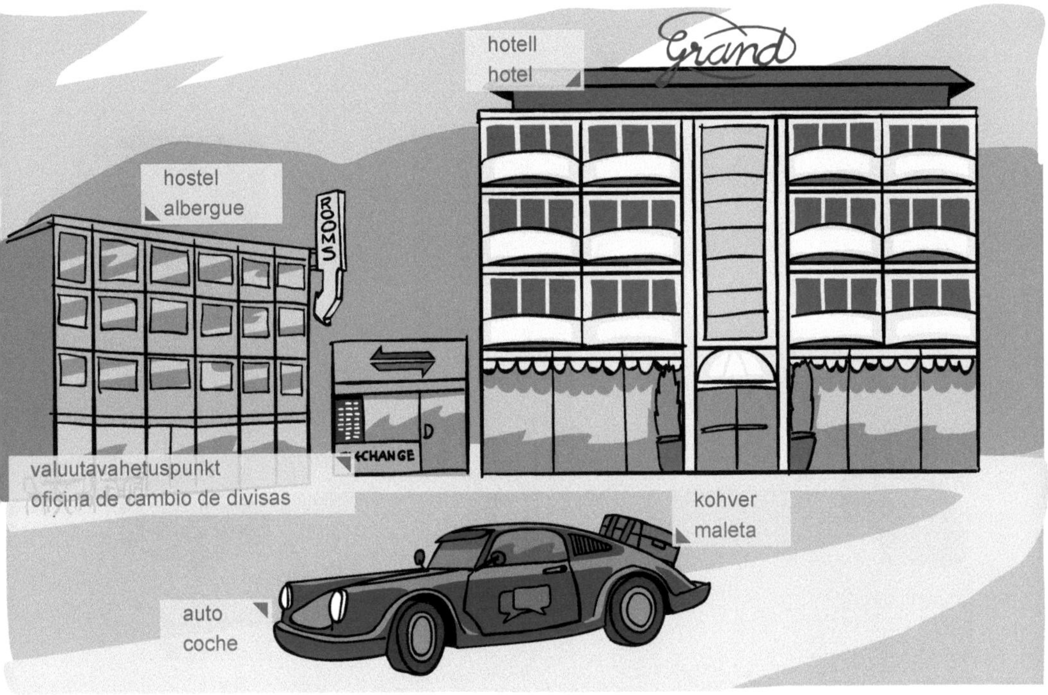
hotell
hotel
Grand
hostel
albergue
ROOMS
EXCHANGE
valuutavahetuspunkt
oficina de cambio de divisas
kohver
maleta
auto
coche

keel

idioma

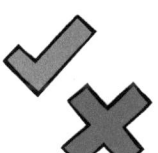

jah / ei

sí / no

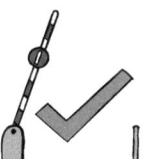

okei

Vale

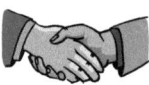

Tere!

hola

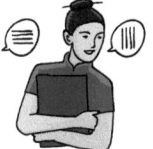

tõlk

traductor

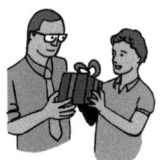

Aitäh!

Gracias

Kui palju maksab ...?

¿cuánto es...?

Ma ei saa aru

No entiendo

probleem

problema

Tere õhtust!

¡Buenas tardes!

Tere hommikust!

¡Buenos días!

Head ööd!

¡Buenas noches!

Head aega!

adiós

suund

dirección

pagas

equipaje

kott

bolsa

seljakott

mochila

külaline

invitado

tuba

habitación

magamiskott

saco de dormir

telk

tienda de campaña

turismiinfo

información turística

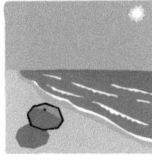

rand

playa

krediitkaart

tarjeta de crédito

hommikusöök

desayuno

lõunasöök

almuerzo

õhtusöök

cena

pilet

billete

lift

ascensor

postmark

sello

riigipiir

frontera

toll

aduana

saatkond

embajada

viisa

visa

pass

pasaporte

transport
transporte

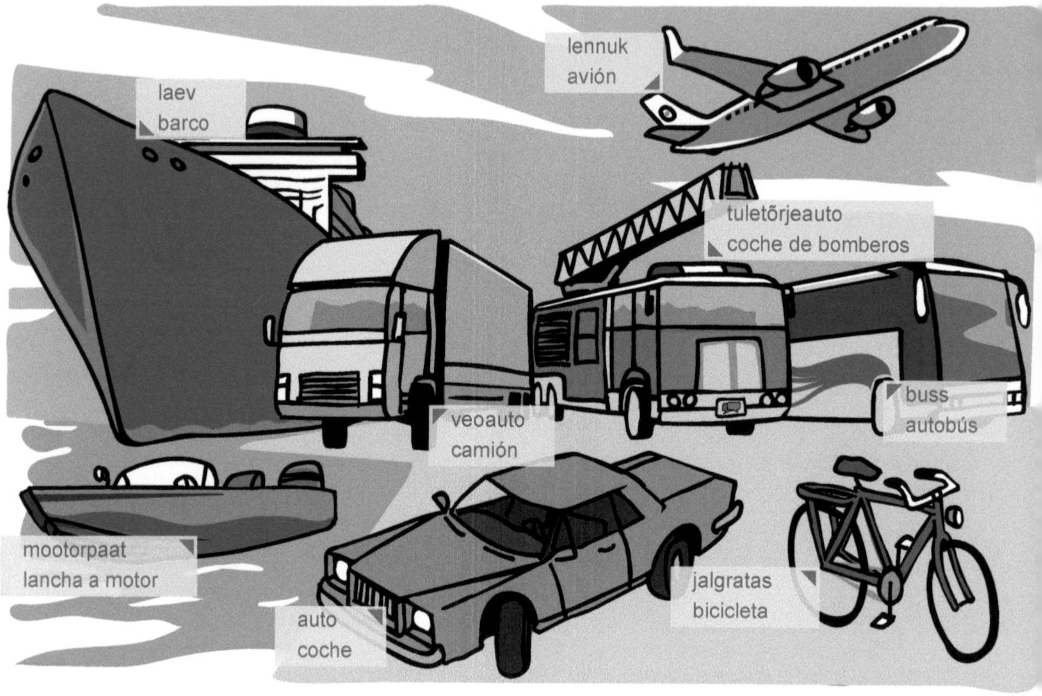
lennuk
avión
laev
barco
tuletõrjeauto
coche de bomberos
buss
autobús
veoauto
camión
mootorpaat
lancha a motor
jalgratas
bicicleta
auto
coche

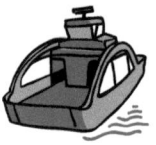

praam

transbordador

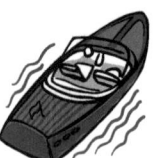

paat

barca

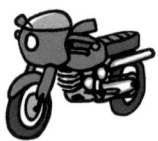

mootorratas

moto

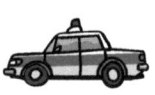

politseiauto

coche de policía

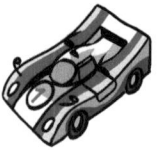

võidusõiduauto

coche de carreras

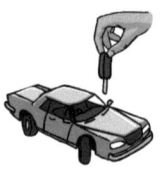

rendiauto

coche de alquiler

ühisauto

préstamo de vehículos

puksiirauto

grúa

prügiauto

camión de la basura

mootor

motor

kütus

gasolina

tankla

gasolinera

liiklusmärk

señal de tráfico

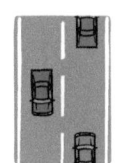

liiklus

tráfico

liiklusummik

atasco

parkla

aparcamiento

raudteejaam

estación de tren

rööpad

vías

rong

tren

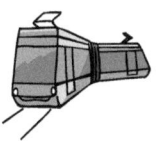

tramm

tranvía

vagun

vagón

helikopter

helicóptero

lennujaam

aeropuerto

torn

torre

reisija

pasajero

konteiner

contenedor

pappkast

caja de cartón

käru

carretilla

korv

cesta

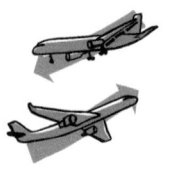

õhku tõusma / maanduma

despegar / aterrizar

linn

ciudad

küla

pueblo

kesklinn

centro de ciudad

maja

casa

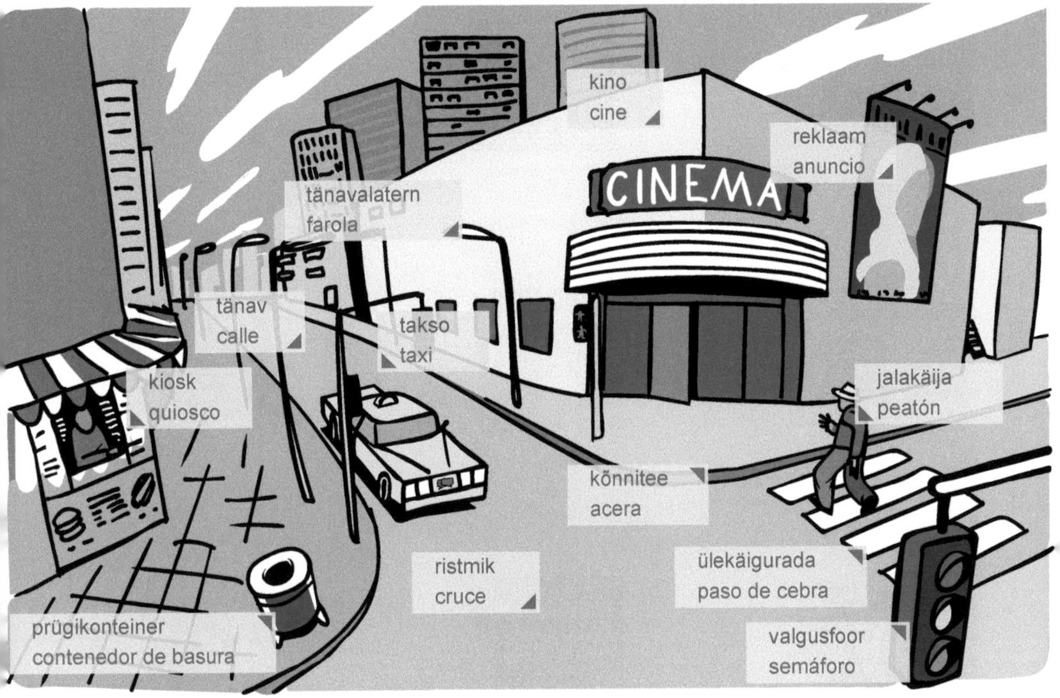

kino
cine

reklaam
anuncio

tänavalatern
farola

CINEMA

tänav
calle

takso
taxi

jalakäija
peatón

kiosk
quiosco

könnitee
acera

ristmik
cruce

ülekäigurada
paso de cebra

prügikonteiner
contenedor de basura

valgusfoor
semáforo

osmik
cabaña

kortermaja
apartamento

raudteejaam
estación de tren

raekoda
ayuntamiento

muuseum
museo

kool
escuela

ülikool

universidad

pank

banco

haigla

hospital

hotell

hotel

apteek

farmacia

kontor

oficina

raamatupood

librería

kauplus

tienda

lillepood

floristería

supermarket

supermercado

turg

mercado

kaubamaja

grandes almacenes

kalapood

pescadería

kaubanduskeskus

centro comercial

sadam

puerto

park
parque

pink
banco

sild
puente

trepp
escaleras

metroo
metro

tunnel
túnel

bussipeatus
parada de autobús

baar
bar

restoran
restaurante

postkast
buzón

tänavasilt
poste indicador

parkimisautomaat
parquímetro

loomaaed
zoo

ujula
piscina

mošee
mezquita

talu
granja

reostus
contaminación

surnuaed
cementerio

kirik
iglesia

mänguväljak
patio de juego

tempel
templo

maastik
paisaje

leht
hoja

teeviit
señal

tee
camino

aas
prado

kivi
piedra

puu
árbol

matkaja
excursionista

jõgi
río

rohi
hierba

lill
flor

org
valle

mägi
colina

järv
lago

mets
bosque

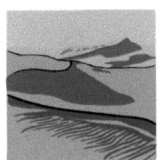

kõrb
desierto

vulkaan
volcán

linnus
castillo

vikerkaar
arcoíris

seen
champiñón

palm
palmera

sääsk
mosquito

kärbes
mosca

sipelgas
hormiga

mesilane
abeja

ämblik
araña

mardikas

escarabajo

konn

rana

orav

ardilla

siil

erizo

jänes

liebre

öökull

lechuza

lind

pájaro

luik

cisne

metssiga

jabalí

hirv

ciervo

põder

alce

pais

presa

tuuleturbiin

turbina eólica

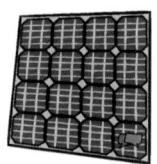

päikesepaneel

panel solar

kliima

clima

restoran

restaurante

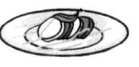

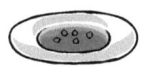

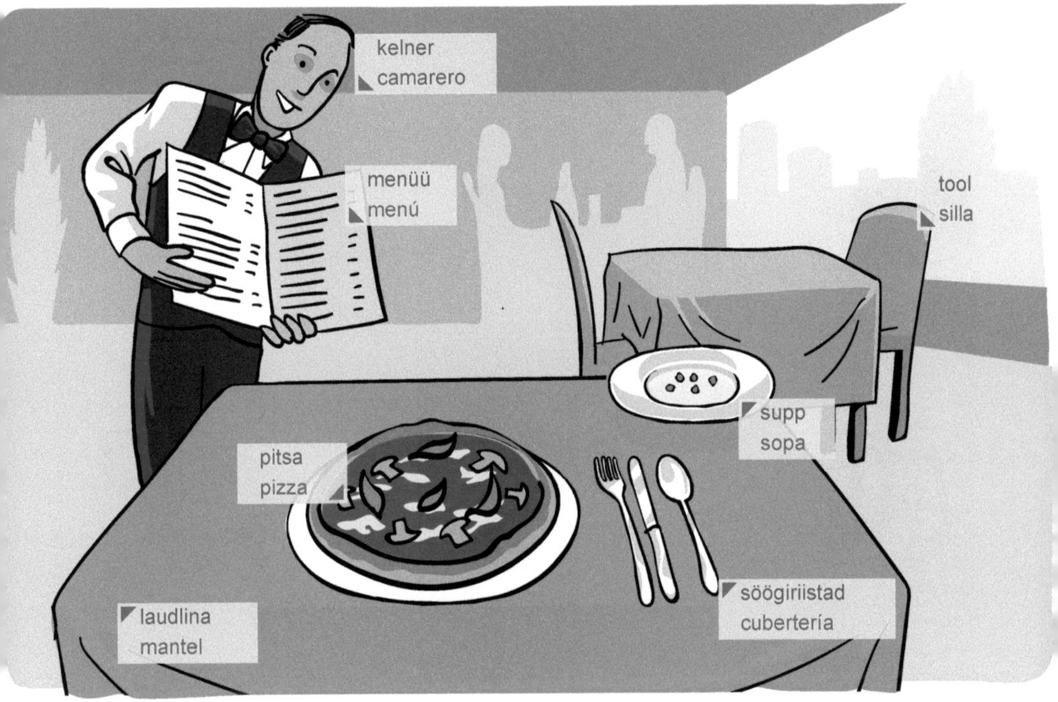
kelner
camarero
menüü
menú
tool
silla
supp
sopa
pitsa
pizza
söögiriistad
cubertería
laudlina
mantel

eelroog

primer plato

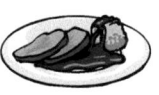

pearoog

plato principal

magustoit

postre

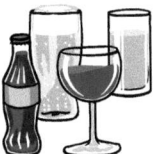

joogid

bebidas

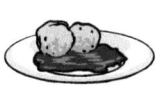

toit

comida

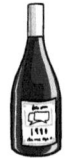

pudel

botella

kiirtoit

comida rápida

tänavatoit

comida callejera

teekann

tetera

suhkrutoos

azucarero

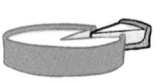

portsjon

porción

espressomasin

cafetera expreso

lastetool

trona

arve

cuenta

kandik

bandeja

nuga

cuchillo

kahvel

tenedor

lusikas

cuchara

teelusikas

cucharilla

salvrätik

servilleta

klaas

vaso

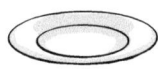

taldrik
plato

supitaldrik
plato hondo

alustass
platillo

kaste
salsa

soolatoos
salero

pipraveski
molinillo de pimienta

äädikas
vinagre

õli
aceite

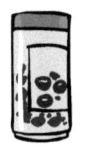

vürtsid
especias

ketšup
ketchup

sinep
mostaza

majonees
mayonesa

supermarket
supermercado

eripakkumine
oferta especial
FOR
klient
cliente
piimatooted
lácteos
puuviljad
fruta
ostukäru
carro de la compra

BUTCHERS

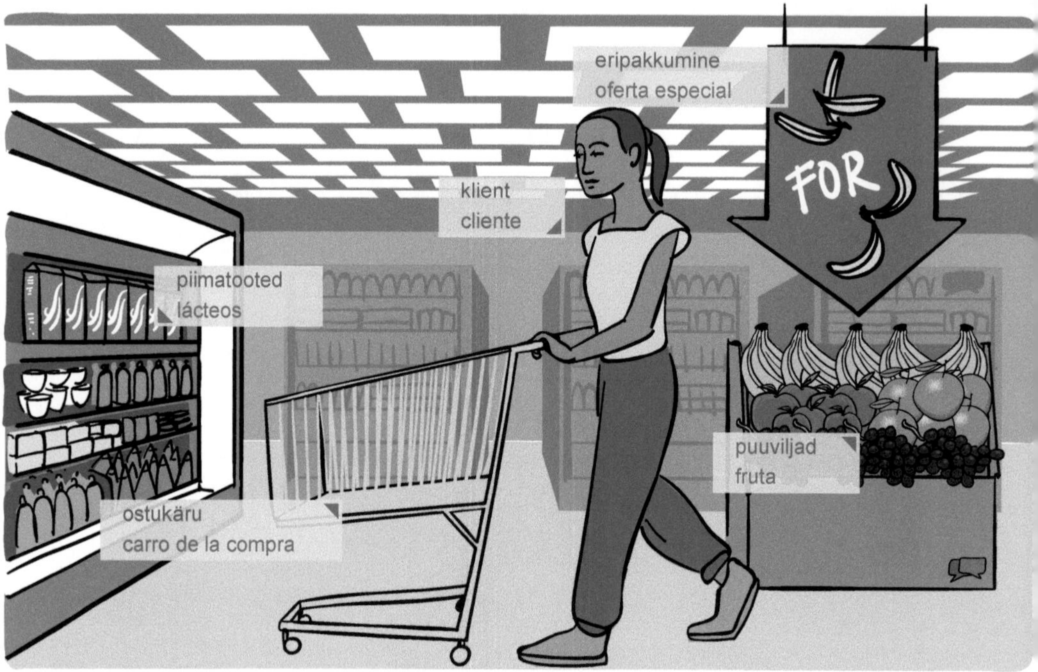

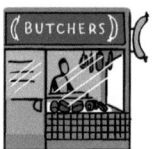

lihapood
carnicería

BAKERY

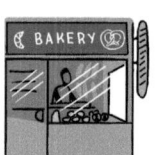

pagariäri
panadería

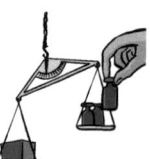

kaaluma
pesar

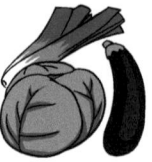

köögiviljad
verduras

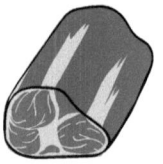

liha
carne

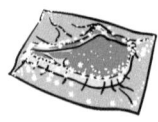

külmutatud toit
alimentos congelados

lihalõigud

fiambres

konservid

conservas

pesupulber

detergente en polvo

maiustused

dulces

majatarbed

productos de uso doméstico

puhastustooted

productos de limpieza

müüja

vendedora

kassaaparaat

caja

kassapidaja

cajero

ostunimekiri

lista de la compra

lahtiolekuajad

horario de atención al público

rahakott

cartera

krediitkaart

tarjeta de crédito

kott

bolsa

kilekott

bolsa de plástico

vesi

agua

mahl

zumo

piim

leche

koola

cola

vein

vino

õlu

cerveza

alkohol

alcohol

kakao

cacao

tee

té

kohv

café

espresso

expreso

cappuccino

capuchino

banaan

plátano

õun

manzana

apelsin

naranja

arbuus

melón

sidrun

limón

porgand

zanahoria

küüslauk

ajo

bambus

bambú

sibul

cebolla

seen

champiñón

pähklid

avellanas

nuudlid

fideos

spagetid

espagueti

riis

arroz

salat

ensalada

friikartulid

patatas fritas

praekartulid

patatas fritas

pitsa

pizza

hamburger

hamburguesa

võileib

sándwich

šnitsel

filete

sink

jamón

salaami

salami

vorst

salchicha

kana

pollo

praeliha

asado

kala

pescado

kaerahelbed

copos de avena

müsli

muesli

maisihelbed

copos de maíz

jahu

harina

sarvesai

cruasán

kukkel

panecillo

leib

pan

röstsai

tostada

küpsised

galletas

või

mantequilla

kohupiim

cuajada

kook

pastel

muna

huevo

praemuna

huevo frito

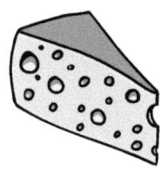

juust

queso

jäätis

helado

suhkur

azúcar

mesi

miel

moos

mermelada

pähklivõie

crema de turrón

karri

curry

talu
granja

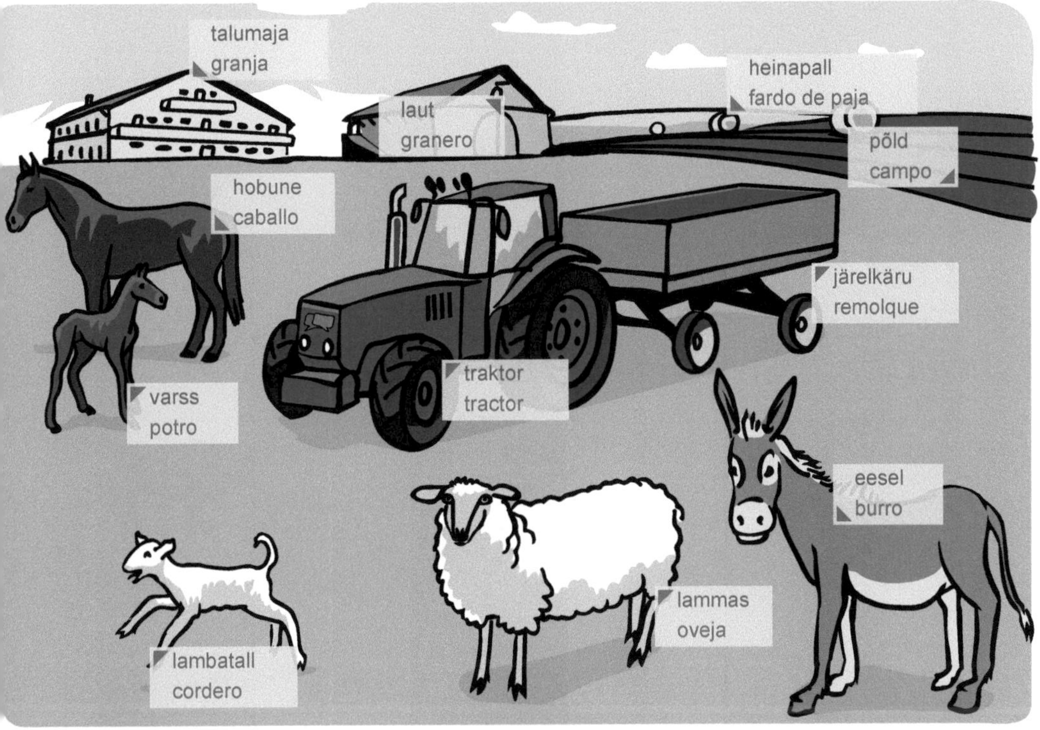
talumaja
granja
heinapall
fardo de paja
laut
granero
põld
campo
hobune
caballo
järelkäru
remolque
traktor
tractor
varss
potro
eesel
burro
lammas
oveja
lambatall
cordero

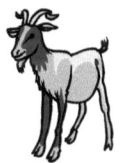

kits

cabra

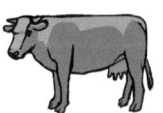

lehm

vaca

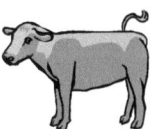

vasikas

ternero

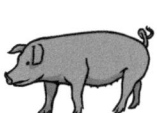

siga

cerdo

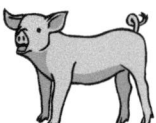

põrsas

cerdito

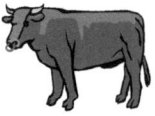

pull

toro

hani

ganso

part

pato

tibu

pollo

kana

gallina

kukk

gallo

rott

rata

kass

gato

hiir

ratón

härg

buey

koer

perro

koerakuut

perrera

aiavoolik

manguera

kastekann

regadera

vikat

guadaña

ader

arado

sirp

hoz

kõblas

azada

hang

horca

kirves

hacha

käru

carretilla

küna

abrevadero

piimanõu

lechera

kott

saco

tara

valla

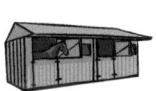

tall

establo

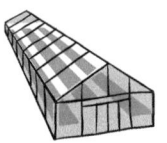

kasvuhoone

invernadero

muld

suelo

seeme

semilla

väetis

fertilizador

kombain

cosechadora

talu - granja

saaki koristama

cosechar

saagikoristus

cosecha

jamss

ñame

nisu

trigo

soja

soja

kartul

patata

mais

maíz

raps

semilla de colza

viljapuu

árbol frutal

maniokk

mandioca

teravili

cereales

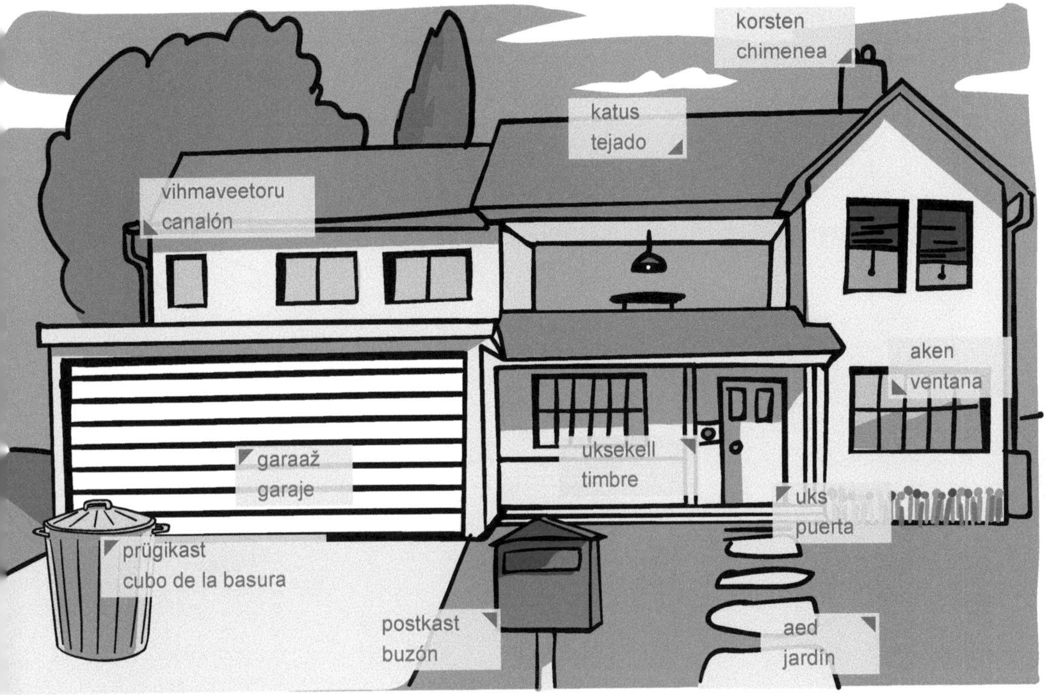

korsten
chimenea

katus
tejado

vihmaveetoru
canalón

aken
ventana

garaaž
garaje

uksekell
timbre

uks
puerta

prügikast
cubo de la basura

postkast
buzón

aed
jardín

elutuba

sala

vannituba

cuarto de baño

köök

cocina

magamistuba

dormitorio

lastetuba

habitación de los niños

söögituba

comedor

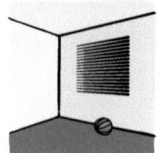

põrand
suelo

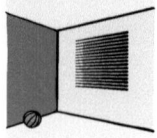

sein
pared

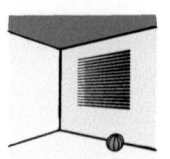

lagi
techo

kelder
sótano

saun
sauna

rõdu
balcón

terrass
terraza

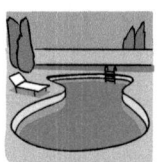

bassein
piscina

muruniiduk
cortacésped

voodilina
sábana

päevatekk
colcha

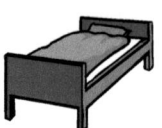

voodi
cama

luud
escoba

ämber
balde

lüliti
interruptor

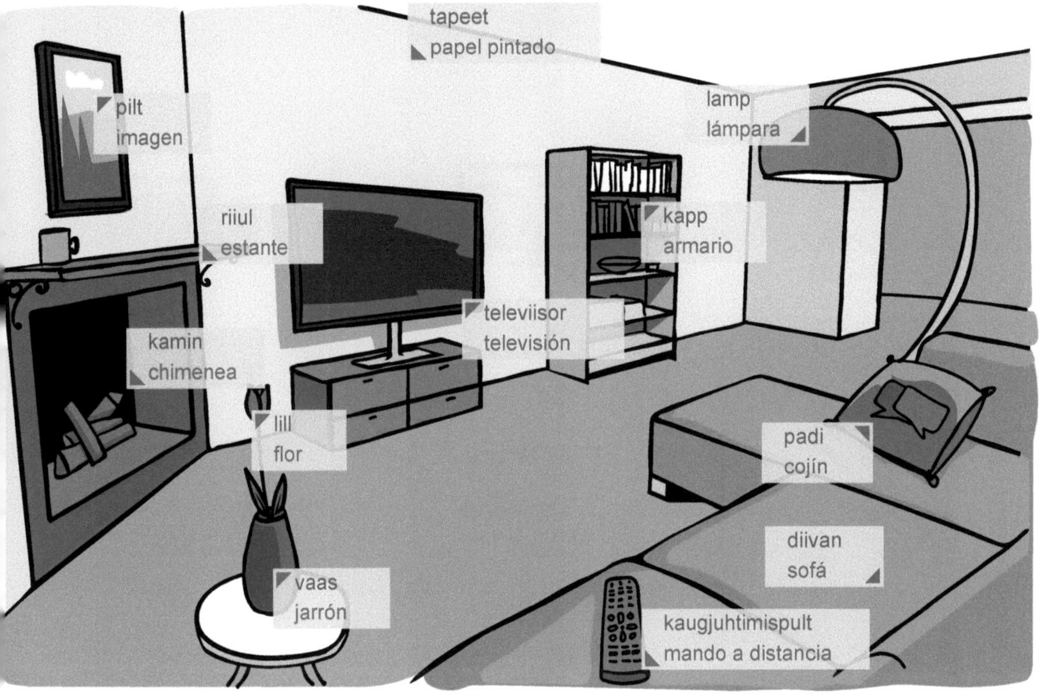

tapeet
papel pintado

pilt
imagen

lamp
lámpara

riiul
estante

kapp
armario

kamin
chimenea

televiisor
televisión

lill
flor

padi
cojín

diivan
sofá

vaas
jarrón

kaugjuhtimispult
mando a distancia

vaip
alfombra

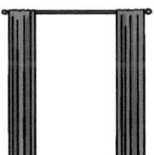

kardin
cortina

laud
mesa

tool
silla

kiiktool
mecedora

tugitool
butaca

raamat

libro

tekk

manta

kaunistus

decoración

küttepuud

leña

film

película

helisüsteem

equipo de música

võti

llave

ajaleht

periódico

maal

pintura

plakat

póster

raadio

radio

märkmik

cuaderno

tolmuimeja

aspiradora

kaktus

cactus

küünal

vela

köök

cocina

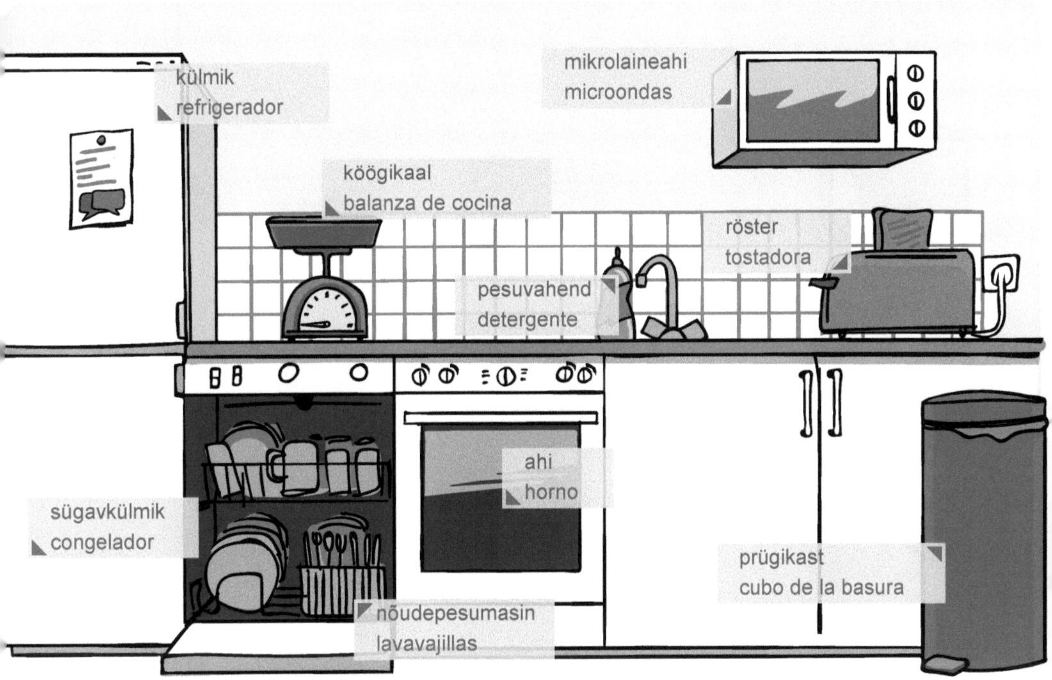

külmik
refrigerador
mikrolaineahi
microondas
köögikaal
balanza de cocina
röster
tostadora
pesuvahend
detergente
ahi
horno
sügavkülmik
congelador
prügikast
cubo de la basura
nõudepesumasin
lavavajillas

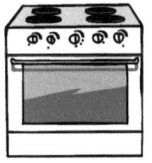

pliit
....
olla a presión

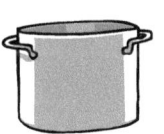

pott
....
olla

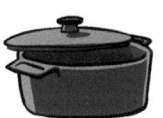

malmpott
....
olla de hierro fundido

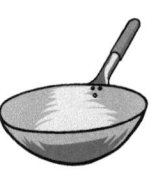

vokkpann
....
wok / karahi

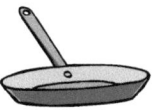

pann
....
cazuela

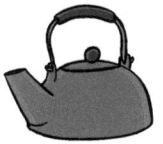

veekeetja
....
hervidor

aurutaja

vaporera

küpsetusplaat

chapa de horno

lauanõud

vajilla

kruus

taza

kauss

tazón

söögipulgad

palillos

kulp

cucharón

pannilabidas

espumadera

vispel

batidor

kurn

colador

sõel

cedazo

riiv

rallador

uhmer

mortero

grill

barbacoa

lahtine tuli

hoguera

lõikelaud

tabla de picar

tainarull

rodillo

korgitser

sacacorchos

konservipurk

lata

konserviavaja

abrelatas

pajakinnas

agarrador

kraanikauss

lavabo

hari

cepillo

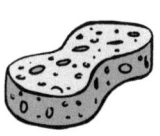

pesukäsn

esponja

kannmikser

batidora

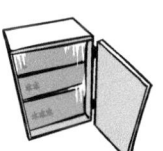

sügavkülmuti

congelador

lutipudel

biberón

segisti

grifo

köök - cocina

vannituba
cuarto de baño

küte
calefacción
käterätik
toalla
dušš
ducha
dušikardin
cortina de la ducha
mullivann
baño de espuma
vann
bañera
klaas
vaso
pesumasin
lavadora
segisti
grifo
plaadid
baldosas
pissipott
orinal
kraanikauss
lavabo

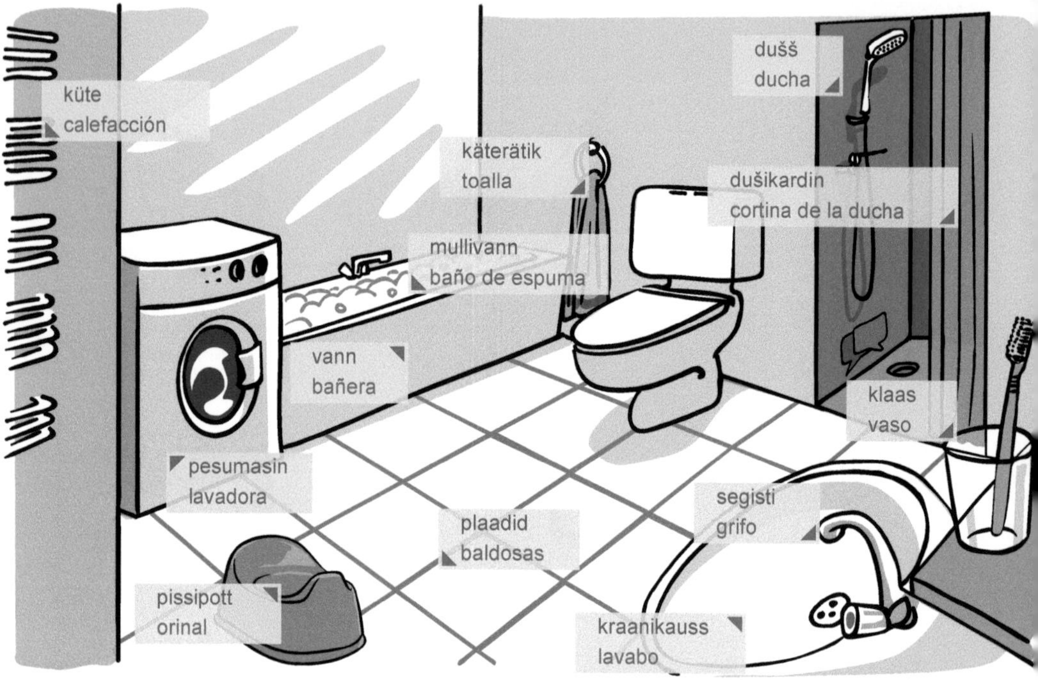

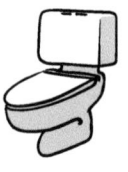

WC-pott

inodoro

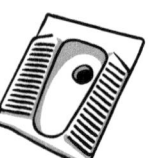

kükitamistualett

inodoro rústico

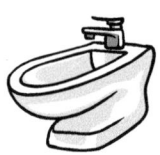

bidee

bidé

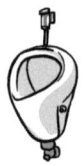

pissuaar

urinario

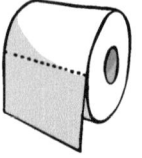

tualettpaber

papel higiénico

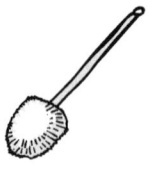

WC-hari

escobilla del váter

hambahari

cepillo de dientes

hambapasta

pasta de dientes

hambaniit

hilo dental

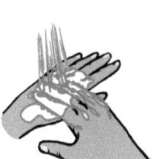

pesema

lavar

käsidušš

ducha de mano

intiimdušš

ducha íntima

pesukauss

pila

seljahari

cepillo de espalda

seep

jabón

dušigeel

gel de ducha

šampoon

champú

vamm

toallita

äravool

desagüe

kreem

crema

deodorant

desodorante

peegel

espejo

käsipeegel

espejo de tocador

habemenuga

maquinilla de afeitar

raseerimisvaht

espuma de afeitar

habemevesi

loción postafeitado

kamm

peine

hari

cepillo

föön

secador

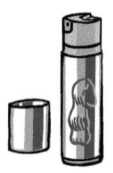

juukselakk

laca

meigikomplekt

maquillaje

huulepulk

pintalabios

küünelakk

pintauñas

vatt

algodón

küünekäärid

cortauñas

parfüüm

perfume

tualett-tarvete kott

estuche de viaje

taburet

banqueta

kaal

balanza

hommikumantel

albornoz

kummikindad

guantes de goma

tampoon

tampón

hügieeniside

compresa

keemiline tualett

inodoro químico

lastetuba

habitación de los niños

äratuskell
despertador
pehme mänguasi
peluche
mänguauto
coche de juguete
kõristi
sonajero
nukumaja
casa de muñecas
kingitus
regalo

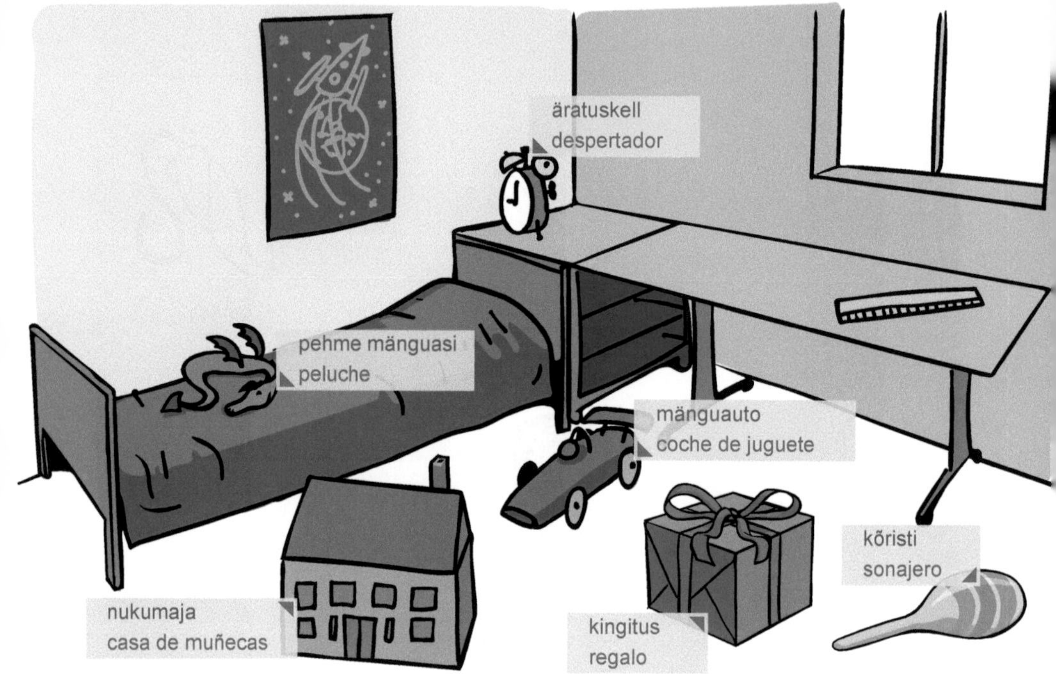

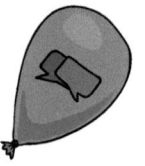

õhupall

globo

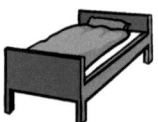

voodi

cama

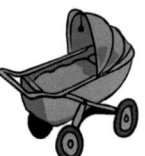

lapsevanker

coche de niño

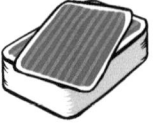

kaardipakk

naipes

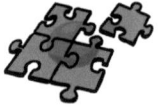

pusle

puzle

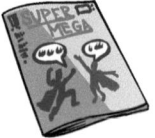

koomiks

tebeo

Lego klotsid

piezas de lego

klotsid

bloques de juguete

kujuke

figura de acción

siputuspüksid

bodi (de bebé)

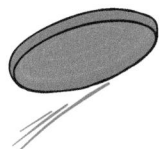

lendav taldrik

frisbee

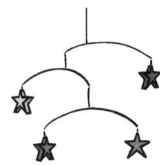

voodikarussell

colgador móvil para bebés

lauamäng

juego de mesa

täringud

dados

mudelrong

circuito de tren eléctrico

lutt

maniquí

pidu

fiesta

pildiraamat

álbum de fotos

pall

pelota

nukk

muñeca

mängima

jugar

liivakast

cajón de arena

kiik

columpio

mänguasjad

juguetes

mängukonsool

videoconsola

kolmerattaline jalgratas

triciclo

mängukaru

oso de peluche

riidekapp

guardarropa

riietus

ropa

sokid

calcetines

sukad

medias

sukkpüksid

leotardos

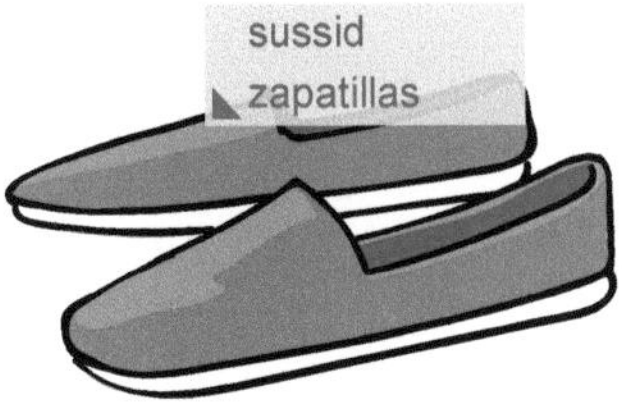

sall
bufanda

vihmavari
paraguas

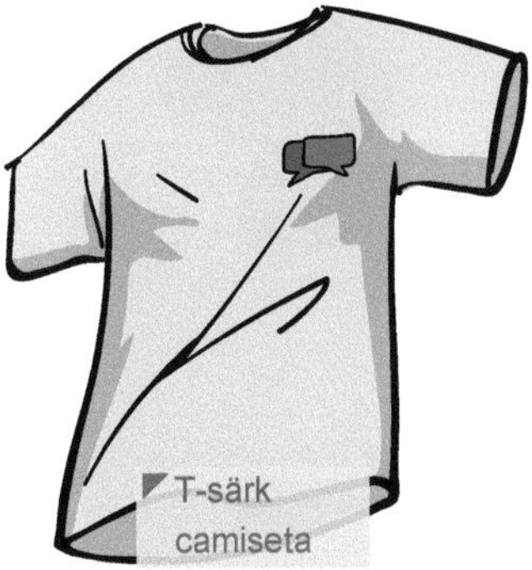

T-särk
camiseta

vöö
cinturón

saapad
botas

sussid
zapatillas

tossud
deportivas

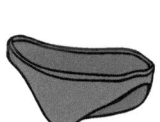

sandaalid
....
sandalias

jalatsid
....
zapatos

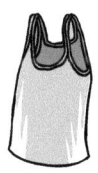

kummikud
....
botas de goma

aluspüksid
....
slip

rinnahoidja
....
sostén

vest
....
chaleco

bodi
bodi

püksid
pantalones

teksapüksid
vaqueros

seelik
falda

pluus
blusa

särk
camisa

sviiter
jersey

dressipluus
suéter

bleiser
blazer

jakk
chaqueta

mantel
abrigo

vihmamantel
gabardina

kostüüm
traje

kleit
vestido

pulmakleit
vestido de novia

ülikond

traje

öösärk

camisón

pidžaama

pijama

sari

sari

pearätt

bandana

turban

turbante

burka

burka

kaftan

caftán

abayah

abaya

ujumistrikoo

traje de baño

ujumispüksid

bañador

lühikesed püksid

pantalones cortos

dressid

chándal

põll

delantal

kindad

guantes

nööp

botón

prillid

gafas

käevõru

brazalete

kaelakee

collar

sõrmus

anillo

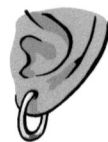

kõrvarõngas

pendiente

nokamüts

gorra

riidepuu

percha

kaabu

sombrero

lips

corbata

tõmblukk

cremallera

kiiver

casco

traksid

tirantes

koolivorm

uniforme escolar

vormirõivad

uniforme

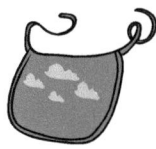

pudipõll

babero

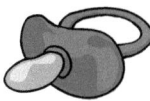

lutt

maniquí

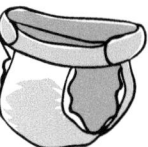

mähe

pañal

kontor
oficina

server
servidor
arhiivikapp
archivo
printer
impresora
paber
papel
monitor
monitor
hiir
ratón
kirjutuslaud
escritorio
kaust
carpeta
klaviatuur
teclado
paberikorv
papelera
arvuti
ordenador
tool
silla

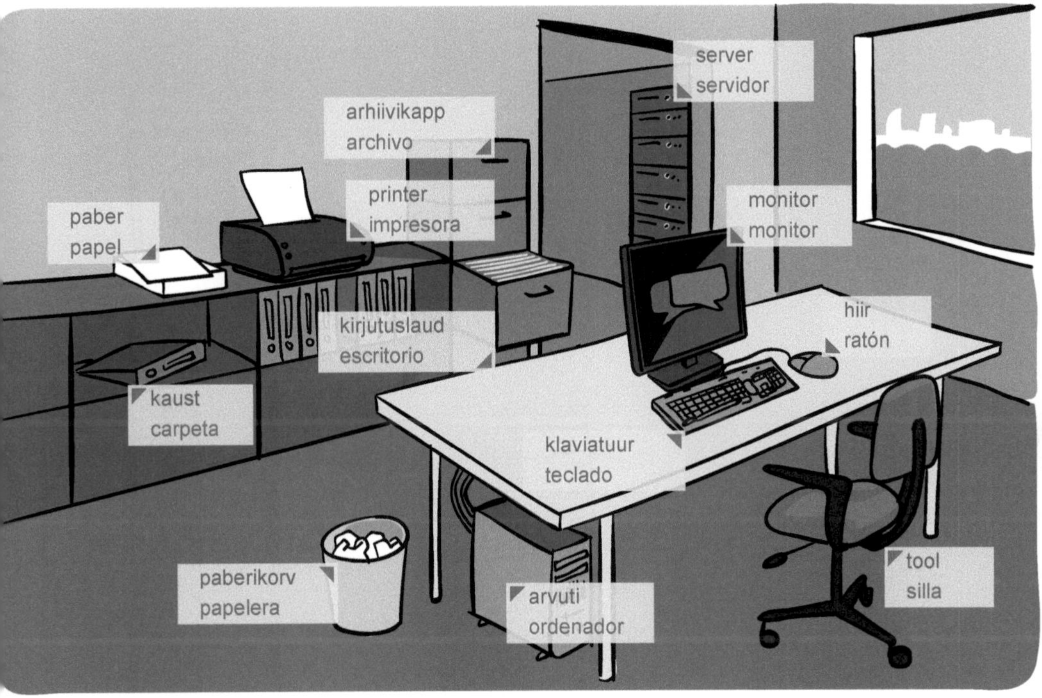

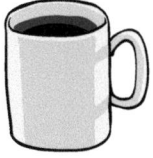

kohvikruus

taza de café

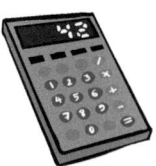

kalkulaator

calculadora

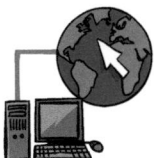

internet

internet

süleravuti
portátil

kiri
carta

sõnum
mensaje

mobiiltelefon
móvil

võrk
red

koopiamasin
fotocopiadora

tarkvara
software

telefon
teléfono

pistikupesa
toma de corriente

faksimasin
fax

vorm
formulario

dokument
documento

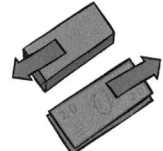

ostma

comprar

maksma

pagar

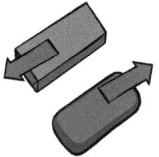

vahetama

comerciar

raha

dinero

 USD

dollar

dólar

 EUR

euro

euro

JPY

jeen

yen

RUB

rubla

rublo

CHF

Šveitsi frank

franco suizo

CNY

renminbi jüaan

renminbi yuan

INR

ruupia

rupia

sularahaautomaat

cajero automático

valuutavahetuspunkt

oficina de cambio de divisas

kuld

oro

hõbe

plata

nafta

petróleo

energia

energía

hind

precio

leping

contrato

maks

impuesto

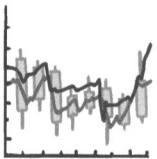

aktsia

acción

töötama

trabajar

töötaja

empleado

tööandja

empleador

tehas

fábrica

kauplus

tienda

ametid
oficios

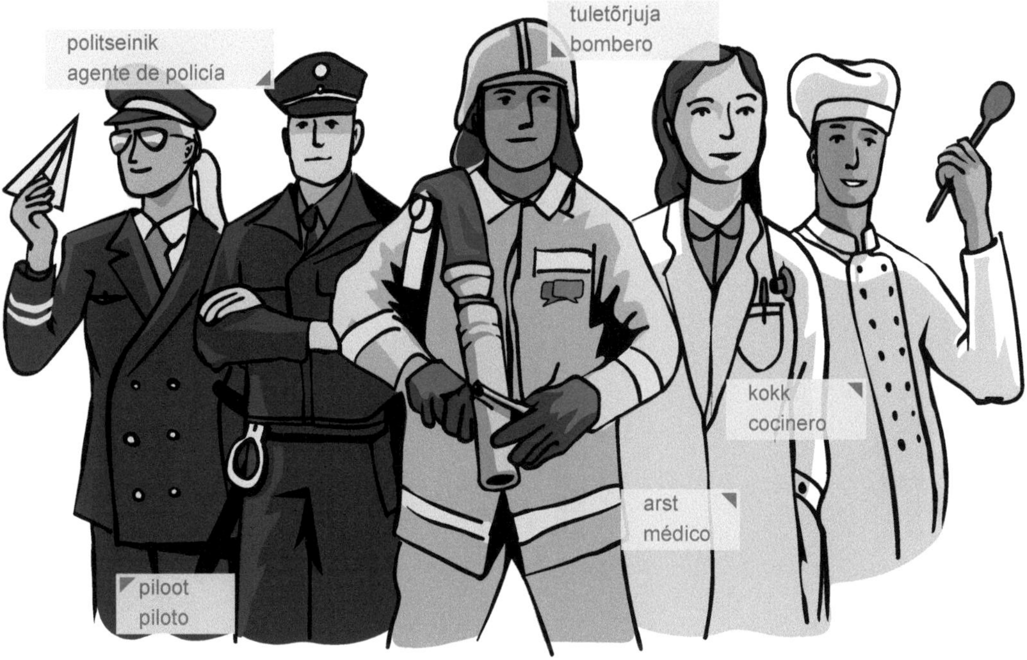

politseinik
agente de policía
tuletõrjuja
bombero
kokk
cocinero
arst
médico
piloot
piloto

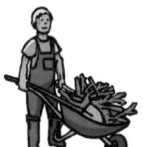

aednik

jardinero

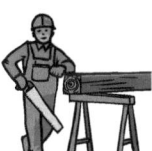

puusepp

carpintero

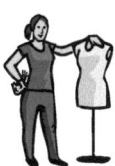

õmbleja

costurera

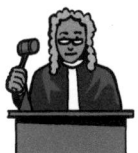

kohtunik

juez

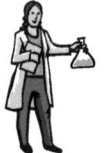

keemik

farmacéutico

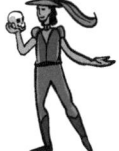

näitleja

actor

bussijuht

conductor de autobús

taksojuht

taxista

kalamees

pescador

koristaja

señora de la limpieza

katusepaigaldaja

techador

kelner

camarero

jahimees

cazador

maaler

pintor

pagar

panadero

elektrik

electricista

ehitaja

obrero

insener

ingeniero

lihunik

carnicero

torumees

fontanero

postiljon

cartero

sõdur

soldado

arhitekt

arquitecto

kassapidaja

cajero

lillemüüja

florista

juuksur

peluquero

piletikontrolör

revisor

mehaanik

mecánico

kapten

capitán

hambaarst

dentista

teadlane

científico

rabi

rabino

imaam

imán

munk

monje

preester

sacerdote

tööriistad
herramientas

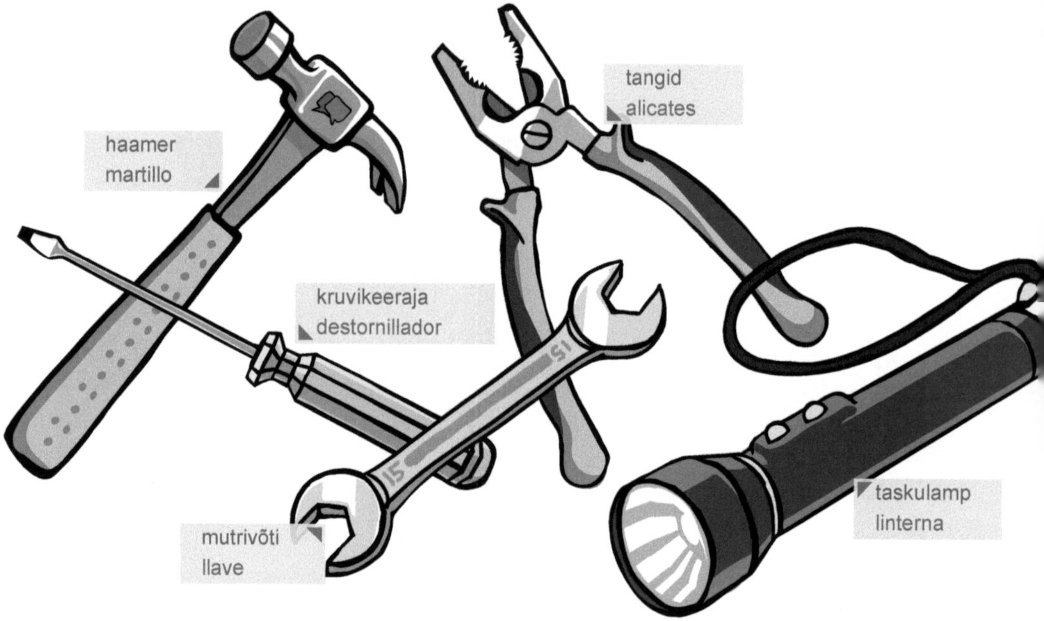
haamer
martillo
tangid
alicates
kruvikeeraja
destornillador
mutrivõti
llave
taskulamp
linterna

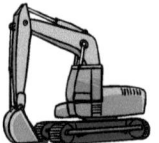

ekskavaator

excavadora

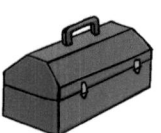

tööriistakast

caja de herramientas

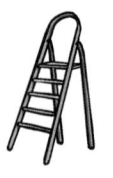

redel

escalera de mano

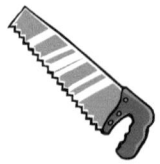

saag

sierra

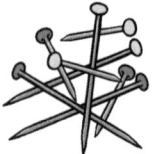

naelad

clavos

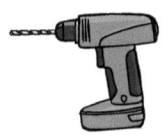

trell

taladro

parandama
reparar

labidas
pala

Põrgusse!
¡Maldita sea!

kühvel
recogedor

värvipott
bote de pintura

kruvid
tornillos

pillid

instrumentos musicales

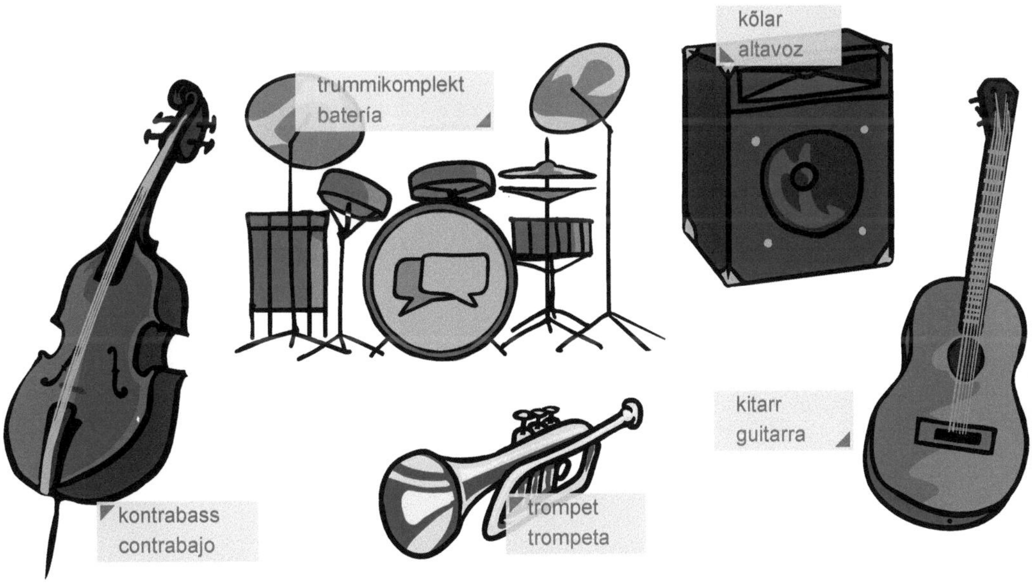

kõlar
altavoz

trummikomplekt
batería

kitarr
guitarra

kontrabass
contrabajo

trompet
trompeta

klaver

piano

viiul

violín

bass

bajo

timpan

timbales

trummid

tambor

süntesaator

teclado

saksofon

saxofón

flööt

flauta

mikrofon

micrófono

loomaaed

zoo

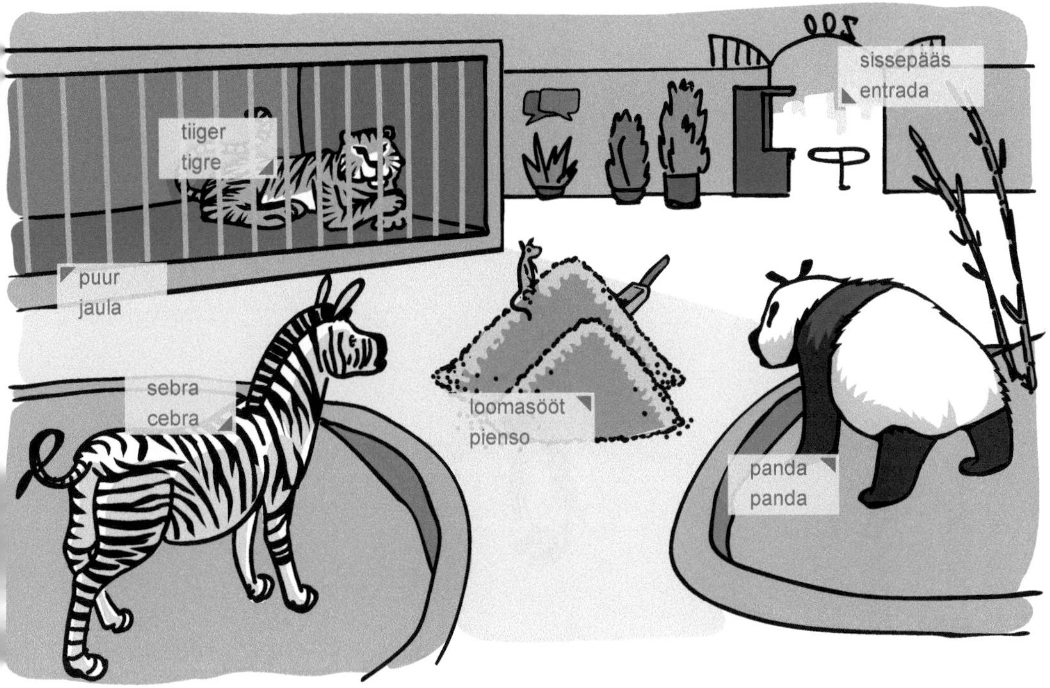

sissepääs
entrada
tiiger
tigre
puur
jaula
sebra
cebra
loomasööt
pienso
panda
panda

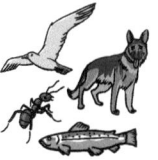

loomad

animales

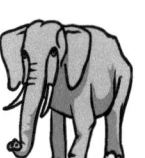

elevant

elefante

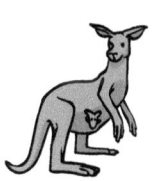

känguru

canguro

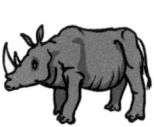

ninasarvik

rinoceronte

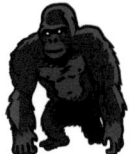

gorilla

gorila

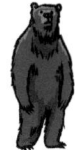

karu

oso

kaamel

camello

jaanalind

avestruz

lõvi

león

ahv

mono

flamingo

flamingo

papagoi

loro

jääkaru

oso polar

pingviin

pingüino

hai

tiburón

paabulind

pavo real

madu

serpiente

krokodill

cocodrilo

loomaaiatalitaja

guardián de zoológico

hüljes

foca

jaaguar

jaguar

poni

poni

leopard

leopardo

jõehobu

hipopótamo

kaelkirjak

jirafa

kotkas

águila

metssiga

jabalí

kala

pescado

kilpkonn

tortuga

morsk

morsa

rebane

zorro

gasell

gacela

Ameerika jalgpall
fútbol americano

jalgrattasõit
ciclismo

tennis
tenis

korvpall
baloncesto

ujumine
natación

jäähoki
hockey sobre hielo

poksimine
boxeo

jalgpall
fútbol

sulgpall
bádminton

kergejõustik
atletismo

käsipall
balonmano

suusatamine
esquí

polo
polo

tegevused
actividades

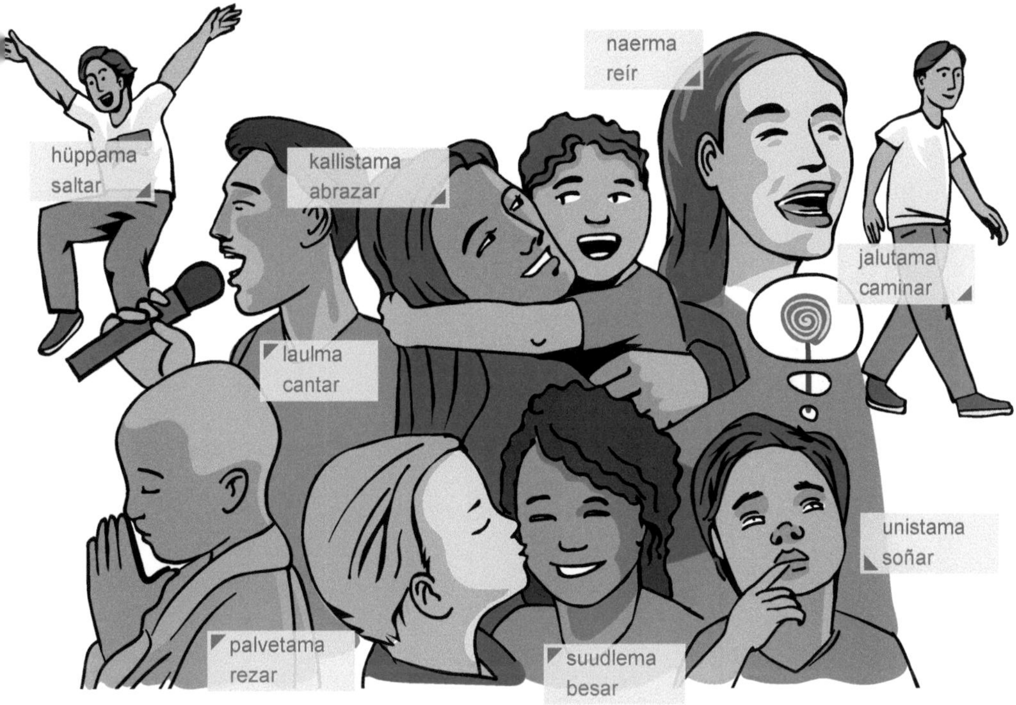

hüppama
saltar
kallistama
abrazar
naerma
reír
jalutama
caminar
laulma
cantar
unistama
soñar
palvetama
rezar
suudlema
besar

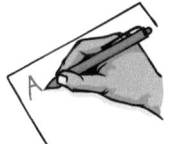

kirjutama

escribir

joonistama

dibujar

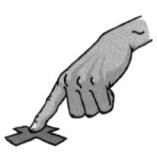

näitama

mostrar

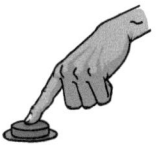

lükkama

empujar

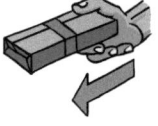

andma

dar

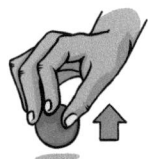

võtma

tomar

omama

tener

tegema

hacer

olema

ser

seisma

estar de pie

jooksma

correr

tõmbama

tirar

viskama

tirar

kukkuma

caer

lamama

yacer

ootama

esperar

kandma

llevar

istuma

estar sentado

riidesse panema

vestirse

magama

dormir

ärkama

despertar

vaatama
mirar

nutma
llorar

paitama
acariciar

kammima
peinar

rääkima
hablar

aru saama
entender

küsima
preguntar

kuulama
escuchar

jooma
beber

sööma
comer

korrastama
ordenar

armastama
amar

süüa tegema
cocinar

sõitma
conducir

lendama
volar

purjetama

navegar

arvutama

calcular

lugema

leer

õppima

aprender

töötama

trabajar

abielluma

casarse

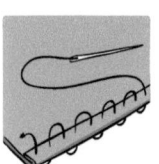

õmblema

coser

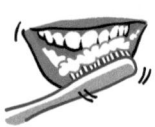

hambaid pesema

cepillarse los dientes

tapma

matar

suitsetama

fumar

saatma

enviar

perekond
familia

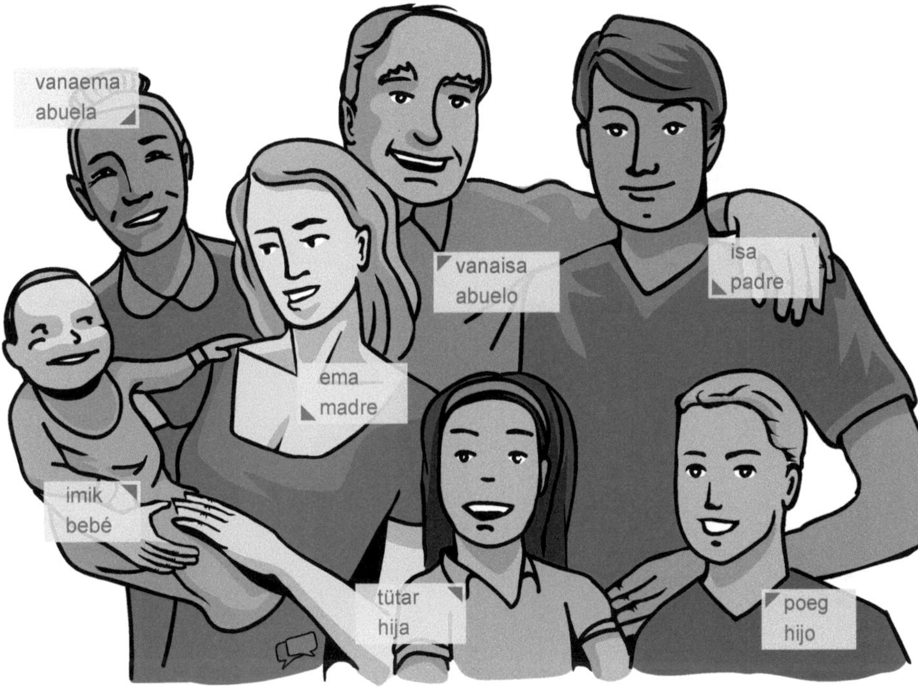

vanaema
abuela
vanaisa
abuelo
isa
padre
ema
madre
imik
bebé
tütar
hija
poeg
hijo

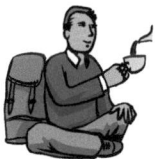

külaline
invitado

tädi
tía

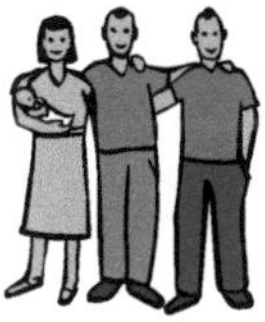

onu
tío

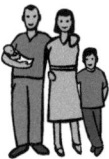

vend
hermano

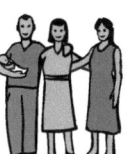

õde
hermana

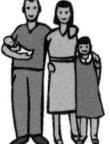

keha

cuerpo

otsmik
frente
silm
ojo
õlg
hombro
sõrm
dedo
nägu
cara
lõug
barbilla
käsi
mano
jalg
pierna
rind
pecho
käsivars
brazo

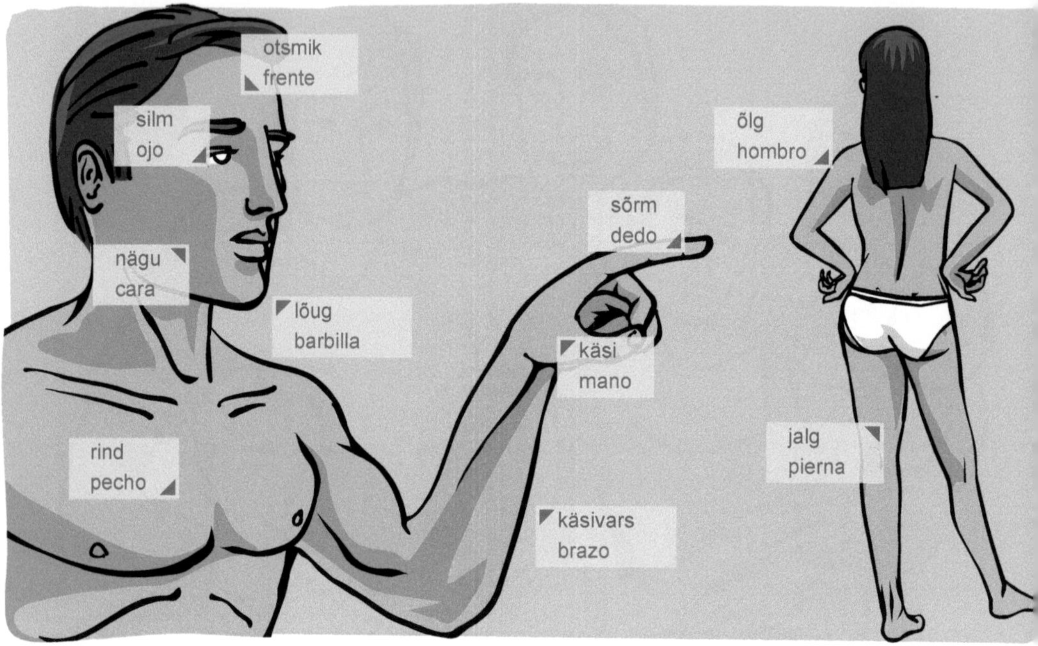

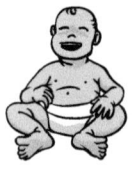

imik
bebé

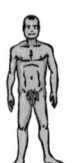

mees
hombre

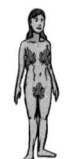

naine
mujer

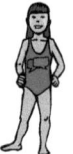

tüdruk
chica

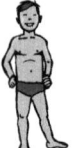

poiss
chico

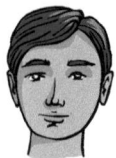

pea
cabeza

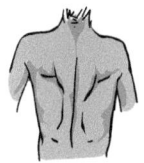

selg

espalda

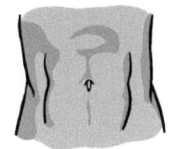

kõht

vientre

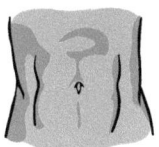

naba

ombligo

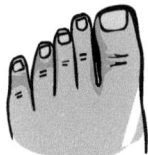

varvas

dedo del pie

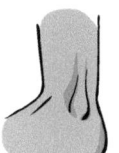

kand

talón

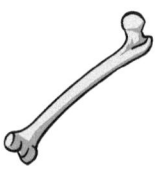

luu

hueso

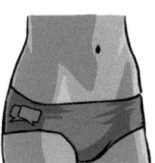

puus

cadera

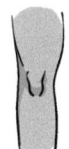

põlv

rodilla

küünarnukk

codo

nina

nariz

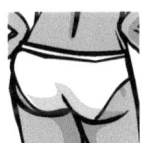

tagumik

trasero

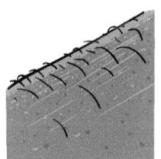

nahk

piel

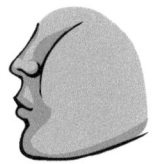

põsk

mejilla

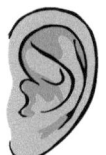

kõrv

oído

huuled

labio

suu

boca

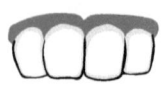

hammas

diente

keel

lengua

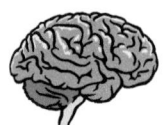

aju

cerebro

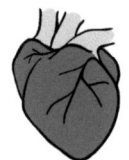

süda

corazón

lihas

músculo

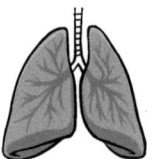

kops

pulmón

maks

hígado

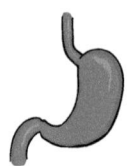

magu

estómago

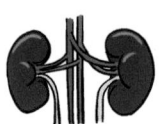

neerud

riñones

seksuaalvahekord

sexo

kondoom

condón

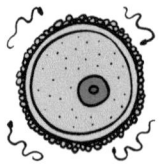

munarakk

ovario

sperma

semen

rasedus

embarazo

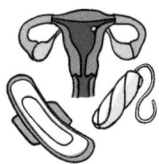

menstruatsioon

menstruación

vagiina

vagina

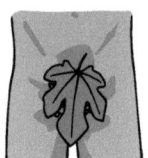

peenis

pene

kulm

ceja

juuksed

pelo

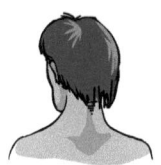

kael

cuello

haigla
hospital

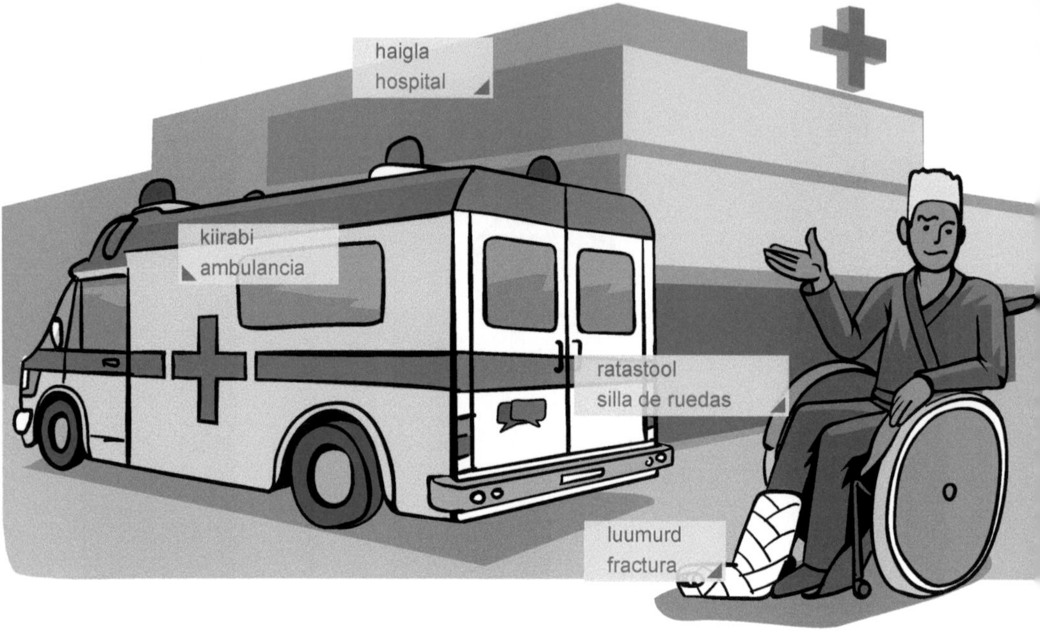

haigla
hospital
kiirabi
ambulancia
ratastool
silla de ruedas
luumurd
fractura

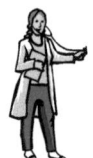

arst

médico

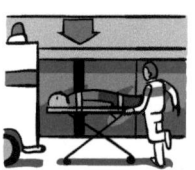

traumapunkt

sala de urgencias

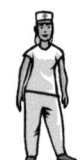

meditsiiniõde

enfermera

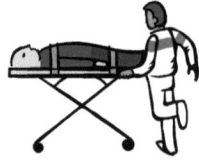

hädaolukord

urgencia

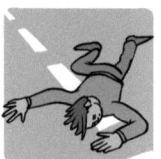

teadvuseta

inconsciente

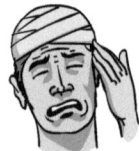

valu

dolor

vigastus

lesión

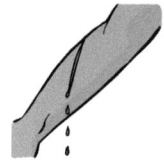

verejooks

hemorragia

südamerabandus

infarto

insult

ictus

allergia

alergia

köha

tos

palavik

fiebre

gripp

gripe

kõhulahtisus

diarrea

peavalu

dolor de cabeza

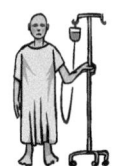

vähk

cáncer

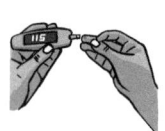

diabeet

diabetes

kirurg

cirujano

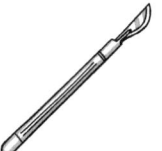

skalpell

bisturí

operatsioon

operación

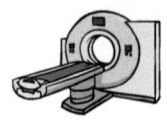

KT
TAC

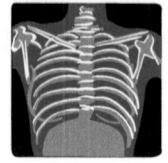

röntgen
rayos x

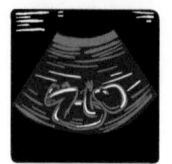

ultraheli
ultrasonido

mask
mascarilla

haigus
enfermedad

ooteruum
sala de espera

kark
muleta

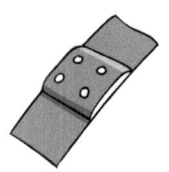

kips
tirita

side
venda

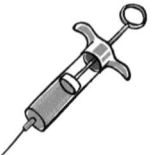

süst
inyección

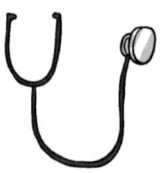

stetoskoop
estetoscopio

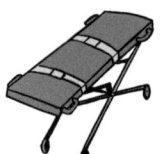

kanderaam
camilla

kraadiklaas
termómetro

sünd
nacimiento

ülekaaluline
sobrepeso

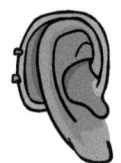

kuuldeaparaat

audífono

desinfektsioonivahend

desinfectante

põletik

infección

viirus

virus

HIV / AIDS

VIH / SIDA

meditsiin

medicina

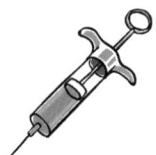

vaktsineerimine

vacunación

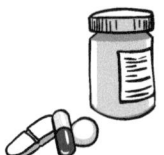

tabletid

tabletas

pill

pastilla

hädaabikõne

llamada de urgencia

vererõhuaparaat

tensiómetro

haige / terve

enfermo / sano

Appi!

¡Socorro!

häire

alarma

kallaletung

asalto

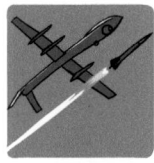

rünnak

ataque

oht

peligro

avariiväljapääs

salida de emergencia

Tulekahju!

¡Fuego!

tulekustuti

extintor de incendios

õnnetus

accidente

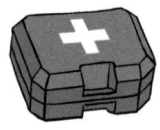

esmaabikomplekt

botiquín de primeros auxilios

SOS

SOS

politsei

policía

Euroopa

Europa

Põhja-Ameerika

Norteamérica

Lõuna-Ameerika

Sudamérica

Aafrika

África

Aasia

Asia

Austraalia

Australia

Atlandi ookean

Atlántico

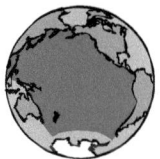

Vaikne ookean

Pacífico

India ookean

Océano Índico

Lõuna-Jäämeri

Océano Antártico

Põhja-Jäämeri

Océano Ártico

põhjapoolus

polo norte

lõunapoolus

polo sur

Antarktika

Antártida

Maa

tierra

maismaa

tierra

meri

mar

saar

isla

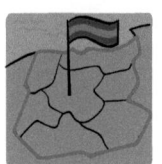

rahvus

nación

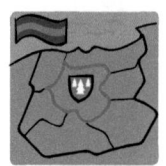

riik

estado

sihverplaat

esfera

tunniosuti

manecilla de las horas

minutiosuti

minutero

sekundiosuti

segundero

Mis kell on?

¿Qué hora es?

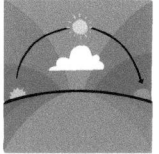

päev

día

aeg

tiempo

praegu

ahora

digitaalne kell

reloj digital

minut

minuto

tund

hora

nädal
semana

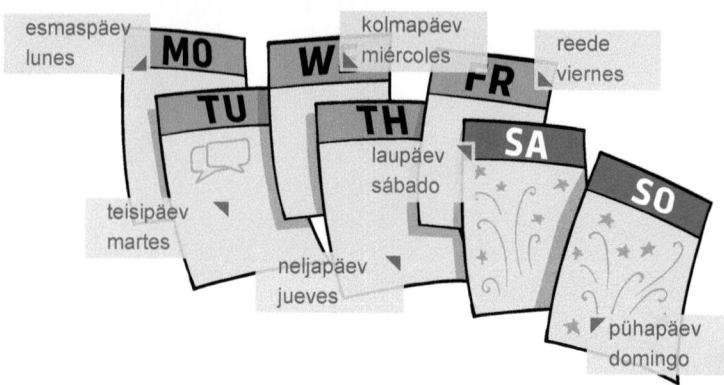

esmaspäev
lunes

kolmapäev
miércoles

reede
viernes

teisipäev
martes

laupäev
sábado

neljapäev
jueves

pühapäev
domingo

eile

ayer

täna

hoy

homme

mañana

hommik

mañana

lõuna

mediodía

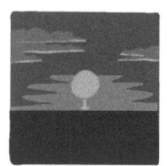

õhtu

tarde

MO	TU	WE	TH	FR	SA	SU
1	2	3	4	5	6	7
8	9	10	11	12	13	14
15	16	17	18	19	20	21
22	23	24	25	26	27	28
29	30	31	1	2	3	4

tööpäevad

días laborables

MO	TU	WE	TH	FR	SA	SU
1	2	3	4	5	6	7
8	9	10	11	12	13	14
15	16	17	18	19	20	21
22	23	24	25	26	27	28
29	30	31	1	2	3	4

nädalavahetus

fin de semana

aasta

año

vihm
lluvia
vikerkaar
arcoíris
lumi
nieve
tuul
viento
kevad
primavera
sügis
otoño
suvi
verano
talv
invierno

4.APRIL 11°
5.APRIL 4°
6.APRIL 13°
7.APRIL 8°
8.APRIL 10°

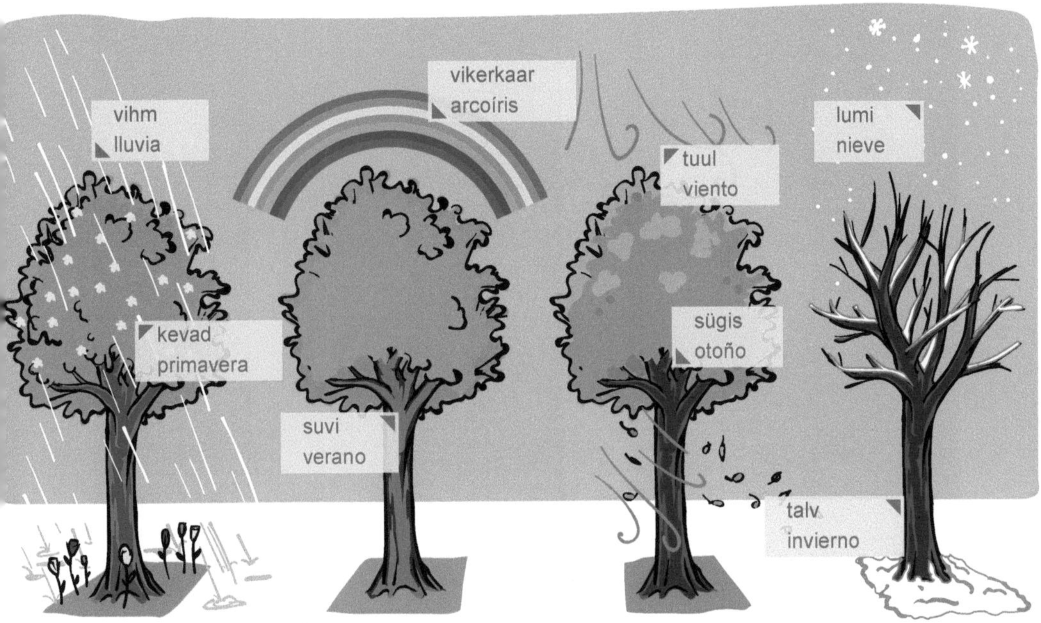

ilmaennustus
pronóstico del tiempo

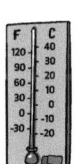

termomeeter
termómetro

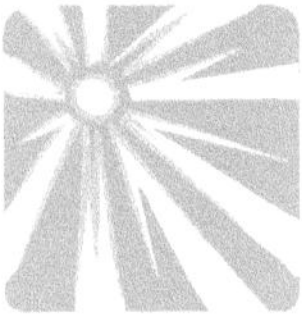

päikesepaiste
sol

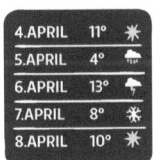

pilv
nube

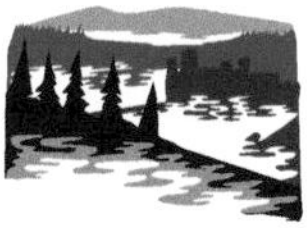

udu
niebla

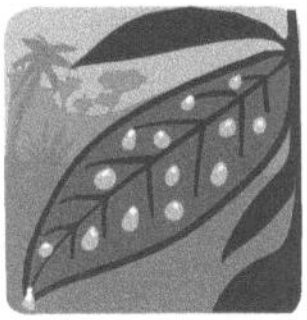

niiskus
humedad

pikne

rayo

kõu

trueno

torm

tormenta

rahe

granizo

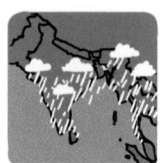

mussoon

monzón

üleujutus

inundación

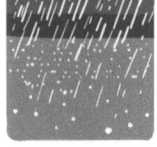

jää

hielo

jaanuar

enero

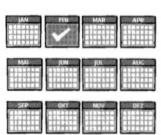

veebruar

febrero

märts

marzo

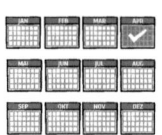

aprill

abril

mai

mayo

juuni

junio

juuli

julio

august

agosto

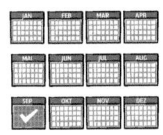

september
....
septiembre

oktoober
....
octubre

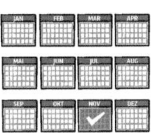

november
....
noviembre

detsember
....
diciembre

formas

ring
....
círculo

ruut
....
cuadrado

nelinurk
....
rectángulo

kolmnurk
....
triángulo

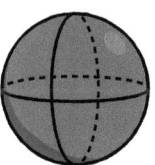

kera
....
esfera

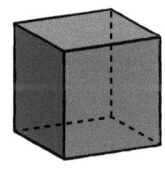

kuup
....
cubo

valge

blanco

kollane

amarillo

oranž

anaranjado

roosa

rosa

punane

rojo

lilla

morado

sinine

azul

roheline

verde

pruun

marrón

hall

gris

must

negro

palju / vähe

mucho / poco

vihane / rahulik

enojado / tranquilo

ilus / inetu

bonito / feo

algus / lõpp

principio / fin

suur / väike

grande / pequeño

hele / tume

claro / oscuro

vend / õde

hermano / hermana

puhas / must

limpio / sucio

täielik / puudulik

completo / incompleto

päev / öö

día / noche

surnud / elus

muerto / vivo

lai / kitsas

ancho / estrecho

söödav / mittesöödav

comestible / no comestible

kuri / sõbralik

malo / amable

põnevil / tüdinud

entusiasmado / aburrido

paks / peenike

gordo / delgado

esimene / viimane

primero / último

sõber / vaenlane

amigo / enemigo

täis / tühi

lleno / vacío

kõva / pehme

duro / blando

raske / kerge

pesado / ligero

nälg / janu

hambre / sed

haige / terve

enfermo / sano

ebaseaduslik / seaduslik

ilegal / legal

tark / rumal

inteligente / tonto

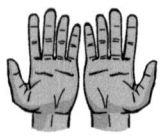

vasak / parem

izquierda / derecha

lähedal / kaugel

cerca / lejos

uus / kasutatud

nuevo / usado

mitte midagi / midagi

nada / algo

vana / noor

viejo / joven

sees / väljas

encendido / apagado

lahti / kinni

abierto / cerrado

vaikne / vali

silencioso / ruidoso

rikas / vaene

rico / pobre

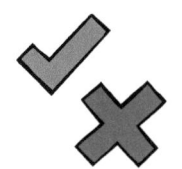

õige / vale

correcto / incorrecto

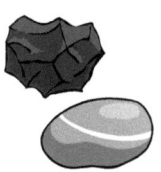

kare / sile

áspero / suave

kurb / rõõmus

triste / contento

lühike / pikk

corto / largo

aeglane / kiire

lento / rápido

märg / kuiv

húmedo / seco

soe / jahe

cálido / frío

sõda / rahu

guerra / paz

0	**1**	**2**
null	üks	kaks
cero	uno	dos

3	**4**	**5**
kolm	neli	viis
tres	cuatro	cinco

6	**7**	**8**
kuus	seitse	kaheksa
seis	siete	ocho

9	**10**	**11**
üheksa	kümme	üksteist
nueve	diez	once

12

kaksteist

doce

13

kolmteist

trece

14

neliteist

catorce

15

viisteist

quince

16

kuusteist

dieciséis

17

seitseteist

diecisiete

18

kaheksateist

dieciocho

19

üheksateist

diecinueve

20

kakskümmend

veinte

100

sada

cien

1.000

tuhat

mil

1.000.000

miljon

millón

inglise

inglés

Ameerika inglise

inglés americano

mandariini

chino mandarín

hindi

hindi

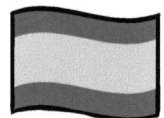

hispaania

español

prantsuse

francés

araabia

árabe

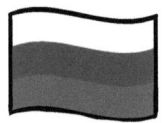

vene

ruso

portugali

portugués

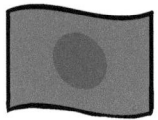

bengali

bengalí

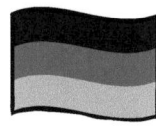

saksa

alemán

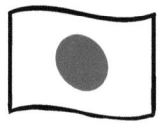

jaapani

japonés

mina

yo

sina

tú

tema

él / ella / ello

meie

nosotros/as

teie

vosotros/as

nemad

ellos/as

kes?

¿quién?

mis?

¿qué?

kuidas?

¿cómo?

kus?

¿dónde?

millal?

¿cuándo?

nimi

nombre

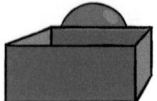

taga

detrás

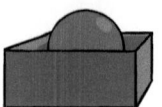

sees

en

ees

delante de

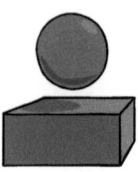

kohal

por encima de

peal

sobre

all

debajo de

kõrval

junto a

vahel

entre

koht

lugar